¿CÓMO CRECE EL PASTO?

By Kathleen Connors
Traducido por Diana Osorio

Gareth Stevens
PUBLISHING

Please visit our website, www.garethstevens.com. For a free color catalog of all our high-quality books, call toll free 1-800-542-2595 or fax 1-877-542-2596.

Library of Congress Cataloging-in-Publication Data
Names: Connors, Kathleen, author.
Title: ¿Cómo creceel pasto? / Kathleen Connors.
Description: New York : Gareth Stevens Publishing, [2022] | Series: ¿Cómo
   Crece? | Includes index.
Identifiers: LCCN 2020012337 | ISBN 9781538268278 (library binding) | ISBN
   9781538268254 (paperback) | ISBN 9781538268261 (6 Pack) | ISBN 9781538268285
   (ebook)
Subjects: LCSH: Grasses–Juvenile literature.
Classification: LCC SB197 .C65 2022 | DDC 633.2–dc23
LC record available at https://lccn.loc.gov/2020012337

¿Cómo crece la hierba? / How Does Grass Grow?
Library of Congress Cataloging-in-Publication Data

First Edition

Published in 2022 by
Gareth Stevens Publishing
111 East 14th Street, Suite 349
New York, NY 10003

Translator: Diana Osorio
Editor, Spanish: Rossana Zúñiga
Designer: Katelyn E. Reynolds

Photo credits: Cover, p.1 Tim Hawley / Photographer's Choice / Getty Images Plus; p. 5 Ning Li/Moment/ Getty Images; pp. 7, 24 (seeds) georgeclerk/E+/Getty Images; pp. 9, 24 (soil) Faba-Photograhpy/Moment/ Getty Images; p. 11 oxign/E+/Getty Images; pp. 13, 24 (roots) redmal/E+/Getty Images; p. 15 VR19/ iStock/ Getty Images Plus; p. 17 Jacky Parker Photography/Moment/Getty Images; p. 19 Mint Images RF/Getty Images; p. 21 Sheryl Watson/ iStock / Getty Images Plus; p. 23 WILLIAM WEST/AFP via Getty Images.

Printed in the United States of America

Some of the images in this book illustrate individuals who are models. The depictions do not imply actual situations or events.

CPSIA compliance information: Batch #CSGS22: For further information contact Gareth Stevens, New York, New York at 1-800-542-2595.

Find us on

Contenido

¡El pasto está
en nuestro alrededor!
¿Cómo crece?

El pasto crece
de las semillas.
¡Las semillas son
pequeñas!

Las semillas crecen
en la tierra.

Necesitan agua.
También necesitan
la luz del sol.

Las semillas brotan.
Crecen las hojas
y las raíces.

Esto puede demorar alrededor de
dos semanas.

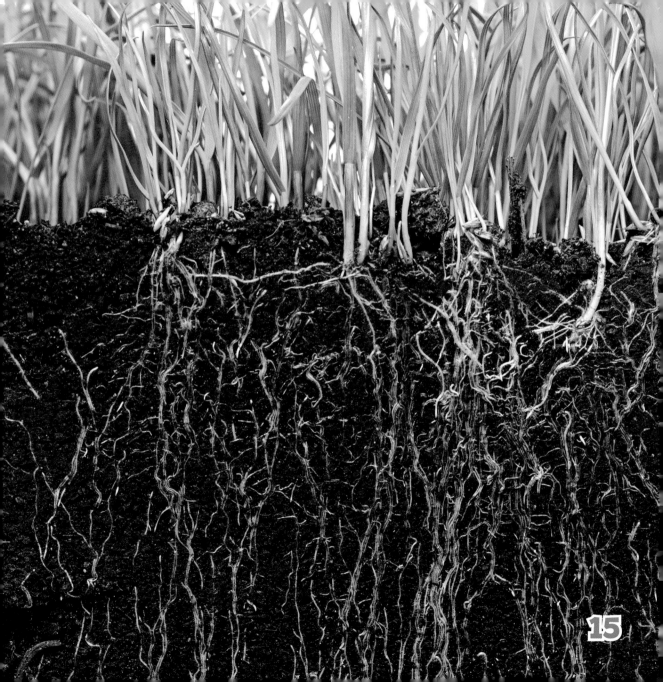

Hay muchos tipos de pasto.

El trigo es un pasto.
¡Podemos comerlo!

El lolium es verde.
¡Puede crecer en tu jardín!

Las vacas comen
pasto.
También les ayuda
a crecer.

Palabras que debes aprender

raíces

semillas

tierra

Índice